DE LA RÉPRESSION
DES DÉLITS
DE LA PRESSE,

EN EXÉCUTION DE L'ARTICLE 8 DE LA CHARTE CONSTITUTIONNELLE.

Par le Cte. G. DE LA ROCHEFOUCAULD.

A PARIS,

De l'Imprimerie de J. L. SCHERFF, passage du Caire, n°. 54.

1817.

DE LA RÉPRESSION
DES DÉLITS
DE LA PRESSE.

NOUS ne sentons pas sous quel despotisme nous vivons : *la liberté des individus est suspendue ; les journaux sont dans la main de l'autorité, les chambres séparées interrompent le droit de pétition ; la liberté des livres est la seule qui nous reste, et l'on étouffe cette liberté !* Il faut convenir qu'il y a un peu d'exagération dans les prétentions libérales. Que veut-on ? On critique la charte, on censure notre législation, on réprouve les jugemens rendus, et l'on accuse les magistrats qui réclament ou maintiennent l'exécution des lois. Cependant en écrivant contre l'organisation de l'Etat, presque en toutes ses parties, on se dit constitutionnel; c'est maintenant un terme vague qui ne s'applique plus qu'à des théories idéales ; c'est une épithète qui fait fortune, parce que chacun l'étend à son gré, et qu'elle se prête avec une extrême souplesse à l'élasticité des principes politiques. Le sens en est si dénaturé, que l'on dit déjà que notre charte n'est pas assez constitutionnelle.

Il est vrai que nos lois ont restreint l'application des théories libérales à ce qu'il est possible d'admettre dans la pratique, et il en résulte que nos magistrats, fauteurs du despotisme de la loi, ont le tort de punir les écrivains qui s'exposent à sa juste sévérité. Deux avocats du Roi se sont offerts de bon cœur, j'en conviens, aux attaques des avocats de la liberté illimitée. On craint, dit-on, qu'il ne s'établisse une jurisprudence erronée. Je le crains plus que personne ; je redoute surtout les théories des écrivains lorsqu'elles ne s'accordent point avec l'expérience des magistrats. Mais on me permettra sans doute d'examiner si ce ne serait pas nos publicistes qui se tromperaient une fois. Puisque l'on pense, avec raison, que la jurisprudence sur la liberté de la presse n'est pas encore établie, il doit être permis de la discuter, autant pour soutenir la chose jugée que pour l'attaquer. Les partisans actuels de cette liberté ne sont pas de ceux qui ne la demandent que pour eux seuls ; et je voudrais que l'on discutât toujours comme M. de Constant. Il donne l'exemple de la modération que l'on doit conserver dans les controverses politiques. Mais il accuse M. de Vatimesnil (je le nomme, parce que sa conduite et ses opinions l'honorent) d'avoir établi pour principes :

1°. *Qu'on doit interpréter les phrases des écrivains ;*

2°. *Qu'attaquer les Ministres, c'est attaquer le Roi ;*

3°. *Qu'on peut combiner avec le code actuel les lois antérieures à la Charte ;*

4°. *Qu'un accusé peut être puni pour une défense criminelle ;*

5°. *Qu'un imprimeur doit être responsable de ce qu'il imprime.*

Je crois pouvoir réfuter aisément les cinq accusations.

M. de Constant accorde lui-même le premier point, et je m'en étonne. Combien d'autres ne permettent pas l'interprétation, et ne reconnaissent condamnable qu'une expression évidente non-seulement à l'intelligence, mais aux yeux, une insulte dans toute sa nudité ? C'est le moyen d'étendre la liberté de la presse ; mais M. de Constant, moins adroit, parce qu'il est plus sage et plus éclairé, convient qu'il est nécessaire d'interpréter un ouvrage pour le juger, puisqu'il faut l'examiner pour le connaître. Il désire seulement que les interprétations portent sur les ouvrages entiers et soient confiées à des jurés.

Je ne répondrai point à cette seconde condition, parce que M. de Vatimesnil, n'étant pas législateur, n'a pas le pouvoir de changer les formes des procédures. J'observerai toutefois qu'on ne pourrait soumettre à des jurés les actes et les écrits séditieux sans reviser en majeure partie le Code pénal et celui d'instruction criminelle. Peut-être pensera-t-on qu'il ne suffit pas d'une brochure pour constater les moyens d'opérer une réforme aussi importante dans le système général de notre législation criminelle (1).

---

(1) Quand l'Assemblée constituante établit en France l'institution du Jury, plusieurs membres proposèrent de lui soumettre toutes les causes civiles et criminelles. Mais il fut décidé que les premières seraient conservées aux tribunaux ordinaires, et les causes criminelles furent divisées en trois classes, dont une, celle dans laquelle il peut être prononcé une peine afflictive ou infamante, fut soumise seule aux jurés. Il en résulte que les écrits séditieux, lorsqu'ils ne contiennent pas une provocation à la révolte, étant passibles seulement de peines cor-

Mais si l'on ne pouvait condamner un ouvrage qu'en son entier, il en résulterait qu'un écrivain pourrait provoquer à la révolte dans une page d'impression, pourvu qu'il l'entourât d'une douzaine d'autres irréprochables, c'est

---

rectionnelles, d'après nos lois actuelles, ne peuvent être déférés à des jurés. Il faudrait donc, pour les leur attribuer, appliquer à ces sortes de délits des peines afflictives ou infamantes, ce qui serait évidemment trop sévère, et hors de proportion avec de plus légères que l'on applique à des délits plus graves, ou admettre des jurés dans toutes les causes criminelles de deuxième classe, ce qui nécessiterait presque une refonte générale du code d'instruction criminelle et du code pénal, ou enfin instituer un Jury spécial pour les délits de la presse, ce qui exigerait un travail mûrement réfléchi pour faire concorder cette loi qui serait un véritable code avec nos autres codes et lois criminels. Il n'est pas de jurisconsulte qui ne convienne que, de quelque manière qu'on veuille établir cette nouvelle attribution, il y aurait un travail important à faire qui devrait être lentement préparé. J'ajouterai que M. le Comte de Lally a prouvé, avec son éloquence accoutumée, qu'il est nécessaire que nos codes criminels soient revisés, et relativement à des accusations bien autrement graves que les délits de la presse. Il me semble donc qu'il est sage et prudent de ne rien changer avant que l'on puisse faire ensemble et en même tems la révision du système général de notre législation criminelle.

assurément la première fois que l'on ait présenté un semblable argument. Ainsi les provocations exciteraient réellement une révolte, que l'écrivain en serait innocent, et ce serait la faute du peuple de s'être laissé séduire par elles, au lieu de s'attacher aux bons principes consacrés sur le verso de la page séditieuse! L'écrivain dira-t-il au peuple, comme Dieu à Job : *C'est à toi de choisir et non à moi.* Je lui répondrai comme la bible : *Que connaît-il dans ces sortes de choses? Et les hommes prudens seront de mon avis.*

Mais sait-on bien ce que l'on demande? Aujourd'hui l'on cite les phrases qui semblent repréhensibles, et le public voit au moins quels sont les motifs de l'accusation; il peut en apprécier la valeur. Croit-on qu'on sera plus juste quand on aura le droit de condamner un écrit en le jugeant *sur son sens caché et par la tendance de son ensemble*, comme le désire M. de Constant? Qui ne voit que des juges et même des jurés mettraient alors les livres à l'index en les déclarant à leur gré rédigés dans un mauvais esprit? Et comme ils seraient en même tems supprimés, jamais le public ne pourrait même critiquer les arrêts. Ce serait l'arbitraire rendu légal, et c'est M. de Constant qui demande le rétablissement de l'inquisition ! C'est ainsi que, lorsque l'on exagère les principes libéraux, on retombe nécessairement dans une autre tyrannie. L'excès de la liberté est le despotisme du peuple, et c'est de celui-là surtout que l'on peut dire avec Montesquieu : *Le mal qui le limite est un bien*.

Je ne m'arrêterai pas plus longtems sur ce point, qui me semble de toute évidence. J'ajouterai pourtant que je ne conçois pas comment M. de Constant a pu avancer, sans le vérifier, que les ouvrages accusés n'étaient point communiqués aux juges. Ce serait une procédure monstrueuse ; des hommes condamneraient ce qu'ils n'entendraient pas, et les avocats du Roi seraient les agens d'une inquisition secrète qui poursuivrait sans obstacle tous nos écrivains libéraux. Heureusement le fait est faux. Je me suis assuré que l'on garde autant d'exemplaires qu'il y a de juges, et qu'on les leur remet plusieurs jours d'avance, pour qu'ils puissent les avoir lus et avoir réfléchi mûrement sur l'ensemble et les détails de l'ouvrage accusé. Je le regrette seulement ponr le député qui s'est déjà proposé de remplir cette lacune de la loi, et je lui conseille d'abandonner son travail.

La seconde question est plus difficile et plus importante à résoudre. *Attaquer les ministres, c'est attaquer le Roi.* Remarquons d'abord que M. de Vatimesnil a prétendu seulement que l'on *pourrait* dire qu'attaquer les ministres, c'est attaquer *indirectement l'autorité royale*, et qu'il s'est réservé de développer *peut-être* cette opinion, *si l'occasion s'en présentait.* Ainsi quand elle ne serait pas juste, la manière indéterminée dont il l'a énoncée, ne présente qu'un doute, et non un principe établi, qui n'a point servi dans la poursuite et le jugement de l'accusé, et qui par conséquent ne devrait pas lui être reproché. Mais approfondissons la question.

On prétend qu'un Roi constitutionnel est comme une idole immobile et impassible, posée sur un piedestal, au fond d'un sanctuaire inaccessible, et qu'il est condamné par sa légitimité à la plus entière pétrification politique. On en tire l'argument que les ministres sont les moteurs tout-puissans des lois, des ordres, de l'exécution entière de tout ce qui existe dans l'Etat, à condition pourtant qu'ils ne puissent faire que ce que l'opinion publique approuvera ou demandera; et comme elle ne se fait connaître, ne donne ses ordres et ne rend ses arrêts que par l'organe des brochures, il est évident que le pouvoir des brochures serait notre véritable Roi.

Voici ce que nous mettons à la place de ce système : nous pensons que le Roi est inviolable, mais non pas infaillible, que ses ministres ne sont que *ses secrétaires d'état*, que c'est lui qui propose les projets de lois, les sanctionne, et les fait exécuter, et que néanmoins on peut discuter les projets et les ordonnances et même les lois rendues, pourvu que ce soit sans provoquer à la révolte, car on a le droit de blâmer une loi, mais on est forcé de s'y soumettre. Nous réclamons en France une liberté plus étendue que celle que l'on voudrait établir, puisque nous avons toujours osé critiquer les actes du gouvernement de nos Rois, en même tems que nous nous regardions comme dignes d'être gouvernés par Louis XIV lui-même. Ce n'est pas en France qu'un ministre pourrait dire comme Walpole: *Il y a une drogue dans ma boutique qui adoucit toutes les mauvaises humeurs*. Nous avons besoin qu'on nous dise comme Louis XIV : *Je me réjouis avec vous comme votre ami du présent que je vous fais comme votre maître.*

Ainsi personne n'a prétendu nier qu'on eût

le droit de critiquer, non-seulement les ministres personnellement, mais le Gouvernement même du Roi. Seulement il ne peut être permis de les attaquer avec des paroles insultantes, ni sur des accusations injurieuses. La loi du 9 novembre 1815 regarde comme coupables *ceux qui cherchent à affaiblir le respect dû à l'autorité du Roi.* Le ministère public doit donc les poursuivre, car ce n'est pas à lui à examiner si la loi est bonne ou mauvaise; il doit la faire exécuter telle qu'elle est, tant qu'elle existe. La loi anglaise est encore plus monarchique : *On est coupable,* dit Blackstone, *envers le Roi ou son Gouvernement, si l'on parle ou si l'on écrit contre eux, si on les maudit, si on leur souhaite du mal, si l'on rapporte des histoires scandaleuses auxquelles ils sont intéressés, et qui peuvent tendre à affaiblir le zèle des sujets.* Mais il s'agit de préciser ce que l'on doit entendre dans la loi française par *affaiblir le respect dû à l'autorité du Roi,* et dans la loi anglaise par *parler ou écrire contre le Roi ou son Gouvernement.* Il est évident que si l'on prenait ces termes dans toute leur étendue, il n'y aurait plus de liberté. Ces lois seraient véritablement en opposition avec la lettre et l'esprit des constitutions. Mais écrire contre le Gouvernement, ce n'est pas le reprendre de ses fautes, l'avertir des erreurs qu'il a commises, des résultats malheureux qu'elles ont produits, c'est plutôt écrire pour lui. De même ce n'est pas chercher à affaiblir le respect dû au Gouvernement du Roi, c'est au contraire chercher à ce qu'il en inspire davantage par la suite, quand il sera perfectionné. On écrit contre lui, on affaiblit le respect qui lui est dû, lorsqu'on le calomnie, lorsqu'on accuse ses agens de perfidie, lorsqu'on appelle le mépris public sur eux, soit par les insultes qu'on leur adresse, soit par le caractère vicieux qu'on leur suppose. La différence est facile à saisir, surtout en citant un exemple. Si un homme écrit: *le Gouvernement a adopté de fausses mesures;* s'il ajoute même: *le Gouvernement met le trouble dans l'Etat par ses fausses mesures,* il émet une opinion erronée, injuste, inconvenante même, mais sans être justiciable des tribunaux, parce qu'il n'accuse le Gouvernement du Roi que d'inhabileté. Mais s'il écrit: *le Gouvernement a pris de fausses mesures, parce qu'il a voulu mettre le trouble dans l'Etat,* alors l'écrivain est coupable et condamnable, parce qu'il accuse le

Gouvernement du Roi d'intentions perfides et criminelles. Ceci n'est plus de la critique, c'est de la calomnie injurieuse. C'est à cette sorte d'attaque du Ministère que M. de Vatimesnil a pensé qu'il pourrait appliquer dans l'occasion les dispositions de la loi du 9 novembre; je crois son opinion vraie, et que les hommes de lettres ne s'en effraieront pas.

Au surplus, il est à remarquer avec quel zèle on réclame de toutes parts le droit d'attaquer les ministres, en même tems que l'on regrette hautement les principes de 1789 et la constitution de 1791. C'était en effet le bienheureux tems où les brochures et les émeutes faisaient chaque jour de nouveaux ministres. Chacun avait l'espoir de le devenir un moment par le secours de son libraire ou de sa section.

M. de Constant critique aussi un jugement rendu d'après les anciennes lois combinées avec les nouvelles. Les républicains de Venezuela sont moins libres que nous, puisqu'ils ordonnent que l'on ne puisse s'adresser à un juge qu'en le nommant : *Citoyen juste*. Ils ne permettraient pas d'attaquer la chose jugée; mais d'après les principes que je viens d'établir, je pense qu'on en a le droit. Je pense aussi que non-seulement la charte, mais toute nouvelle loi, abrogent de fait toutes les dispositions des lois anciennes qui leur seraient contraires : mais elles n'abrogent point celles qui ne sont point en opposition, surtout celles qui se combinent avec elles. La Charte dit, article 68 : *Le code civil et les lois actuellement existantes qui ne sont point contraires à la présente Charte restent en vigueur jusqu'à ce qu'il y soit légalement dérogé.* Les tribunaux doivent donc juger et jugent chaque jour d'après celles des anciennes lois auxquelles il n'a pas été dérogé par la charte, ni par des lois postérieures. Rien n'est assurément plus constitutionnel.

J'avoue que je n'aime pas plus qu'un autre la conservation des lois tombées en désuétude ; mais on les élude aisément. Un jour, un prêtre devait être condamné à être pendu, d'après les anciennes lois d'Angleterre, puisqu'il avait dit la messe en présence de témoins irrécusables qui l'attestaient : *Je vois bien*, dit Lord Mansfield, *que ce prêtre a fait des cérémonies hors d'usage dans ce pays, mais les jurés ne savent pas ce que c'est que la messe, et rien ne prouve que les cérémonies qui ont eu lieu constituent véritablement ce qu'on nomme la messe.* Il fut acquitté. Combien de fois, au contraire, l'application des anciennes lois a-t-elle servi à protéger la propriété individuelle et la morale publique? Le parlement d'Angleterre a souvent invoqué *la loi commune*, même contre les délits de la presse, entr'autres lors de l'accusation de sir Eliah Impey. Il est étrange qu'on ne veuille plus permettre d'invoquer les lois anciennes de la France, lorsqu'on invoque encore chaque jour dans nos tribunaux les lois romaines. C'est une suite sans doute de ce nouveau patriotisme, qui ne veut dater que de 1789, comme s'il n'y avait eu, avant cette époque, ni justice, ni lois, ni France (1).

---

(1) L'état de la législation, en ce qui concerne les lois anciennes, est déterminé par le dernier article du code pénal de 91 et par l'article 484 du code pénal actuel. Il en résulte que dans toutes les matières qui ne sont pas expressément réglées par le code actuel, les tribunaux doivent observer les lois et les réglemens antérieurs à la révolution, pourvu qu'ils ne prononcent pas de peines afflictives ou infamantes. Au surplus, les lois anciennes n'ont été que rappelées et n'ont pas servi dans les causes dont il s'agit, et l'on sait que dans un jugement il faut distinguer le texte de loi que l'on applique directement des exemples ou des argumens d'analogie dont on se sert pour l'éclaircissement de ce texte.

Il n'est pas plus difficile de décider la quatrième question : *un accusé peut-il être condamné pour la manière dont il se défend?* Je prouverai bientôt qu'on n'a point condamné d'accusé à cause de sa défense, mais est-il permis de commettre un nouveau délit, parce qu'on se défend d'un délit ancien? l'homme qui en a insulté un autre peut-il impunément l'insulter de nouveau à l'audience? Ainsi le sanctuaire de la justice, autrefois si respecté, deviendrait une arêne ouverte aux invectives et aux calomnies; les factions en feraient bientôt leur asile, et les cris séditieux réprimés au dehors retentiraient sans danger dans l'enceinte que les peuples civilisés avaient regardée jusqu'à ce jour comme le lieu sacré! M. de Constant dit lui-même : *Si l'homme traduit en jugement pour vol ou meurtre, érigeait le meurtre ou le vol en principe, son apologie serait criminelle.* Et il n'en serait pas de même s'il professait publiquement des principes séditieux! il ne serait pas coupable s'il énonçait des maximes de nature à faire regarder la révolte comme un acte légitime et honorable! Et s'il en survenait une, cet homme qui l'aurait produite, sans l'avoir provoquée directement, suivant la condition de M. Abrial, ne pourrait être condamné, tandis que les malheureux séduits par ses discours, seraient envoyés à la mort!

Faites une nouvelle instruction, nous dit-on: non, car je vais prouver aisément qu'il n'y a pas un nouveau délit. On convient sans doute que les magistrats doivent à l'audience écouter le ministère pub ic et les accusés, pour juger d'après la conviction qu'ils acquièrent pendant les débats, et la loi leur accorde la faculté de graduer la peine, exprès pour la faire concorder en quelque sorte avec les circonstances aggravantes ou atténuantes qui se présentent dans la cause. L'apologie du vol ou du meurtre, ou des principes séditieux, n'est pas de nature à constituer un nouveau délit légal, puisqu'il n'est point qualifié par le code pénal. Mais cette apologie est une circonstance aggravante par la raison très-simple que les juges se convainquent alors que le crime a été commis avec connaissance et préméditation. Ils seraient indulgens envers un écrivain qui aurait énoncé sans réflexion des maximes dangereuses, mais lorsqu'il prouve à l'audience qu'il les a publiées sciemment, de dessein prémédité, souvent même avec espoir qu'elles produiraient leur effet, ils doivent devenir plus sévères. Ce n'est pas un nouveau délit qui se commet, c'est l'instruction qui continue, et qui, dans ses développemens, montre le délit ancien dans toute son étendue. Remarquons bien qu'il n'est pas jugé, que nous sommes encore dans le tems fixé pour son examen. Si un jugement eût été prononcé, nul doute qu'on n'eût pas eu le droit d'aggraver la peine sans une nouvelle instruction. Mais tant que les débats durent, les avocats du Roi poursuivent, et les juges s'instruisent. Ils sont là, les uns pour requérir la peine suffisante, les autres pour la prononcer. Elle doit être moins forte si l'accusé dans sa défense, ou les témoins dans leurs déclarations, diminuent la culpabilité; il est évident aussi qu'elle doit l'être davantage, si l'on reconnaît que l'accusé est plus coupable qu'il ne le paraissait d'abord. Si ce n'était pas ainsi, l'accusé ne serait pas jugé après l'audience, il le serait d'avance; les plaidoiries seraient inutiles, puisqu'elles ne produiraient plus aucun effet; c'est alors que les juges pourraient réellement dormir à l'aise, et je demande aux jurisconsultes ce que serait une telle procédure?

Ce qui doit leur paraître encore assez étrange, c'est de voir citer comme autorité suprême, dans une question de jurisprudence, un rapport à la Chambre des Pairs. Qui ne sait qu'un rapport ne présente que l'opinion individuelle de celui qui l'a rédigé? Qui ne sait que l'opinion unanime de la Chambre des Pairs ne serait elle-même d'aucun poids devant les tribunaux qui ont leur jurisprudence entièrement indépendante? Qui ne sait que cette indépendance est la véritable sauve-garde de nos libertés ?

M. de Constant s'égare au point de désirer *que les Ministres impriment aux agens de l'autorité une direction*, et que *la volonté du Roi* serve de règle de conduite aux magistrats. Je sais bien que le ministère public est un instrument du pouvoir exécutif, que les avocats du Roi sont des commissaires de son Gouvernement, et je ne m'étonnerais pas que des admirateurs de Louis XI ou d'Elisabeth prétendissent qu'il faut leur donner une direction. Mais jusqu'à présent ils ont accusé comme les juges ont prononcé, d'après la loi et leur conscience, et par cela même que leur opinion, leur étant propre, a moins de poids, les tribunaux sont plus libres. Si au contraire les avocats du Roi étaient les organes du ministère, ceux des juges qui seraient timides ou courtisans craindraient de prononcer contradictoirement à la *direction* officielle, et les cours de justice seraient moins indépendantes.

Je m'applaudis de me trouver plus libéral que M. de Constant, et je le serai de même sur la cinquième question. Je défendrai d'abord en deux mots M. de Vatimesnil. Il n'a point dit que l'imprimeur devait être responsable des écrits, mais seulement qu'il en était responsable d'après notre législation actuelle. Il serait très-possible, et c'est ce qui arrive chaque jour au ministère public, que M. de Vatimesnil condamnât, dans son opinion particulière, la loi d'après laquelle il est forcé de poursuivre.

Mais en discutant la question au fond, je répéterai que M. de Constant est trop peu libéral. Il ne veut pas que l'imprimeur soit responsable, parce que c'est le rendre censeur et maître de l'ouvrage, et qu'étant exclusif et privilégié, il est nécessairement dépendant des Ministres. En adoptant ce raisonnement, ce n'est donc pas sa responsabilité, c'est sa dépendance qu'il faut faire cesser. On devait

www.ingramcontent.com/pod-product-compliance
Ingram Content Group UK Ltd.
Pitfield, Milton Keynes, MK11 3LW, UK
UKHW032020260826
14628UKWH00006B/2611

9 782011 787668